LES

PICRATES ET LA PRUSSE

MEAUX. — IMPRIMERIE A. COCHET.

LES
PICRATES ET LA PRUSSE

L'INVASION ALLEMANDE ?

NOS FRONTIÈRES NATURELLES !

«.... Comme la grande majorité
« du peuple français, je déteste
« ces traités de 1815, dont on
« veut faire l'unique base de
« notre politique extérieure...
« NAPOLÉON
(Discours d'Auxerre.) »

———

PAR JEAN DU CHALET

———

PARIS

E. DENTU, LIBRAIRE ET ÉDITEUR

Palais-Royal (galerie d'Orléans)

—

1869

PRÉFACE.

Un accident — affreux à la vérité, — a derniè-
rement remué l'émotion publique aussi profondé-
ment qu'eût pu le faire un événement considé-
rable.

C'est qu'en outre de ses atroces circonstances,
la nature de l'objet qui l'a occasionné a été pour
beaucoup sans doute dans cette émotion.

— On entend qu'il s'agit ici de l'explosion du
picrate de potasse.

— Et pourtant les nombreux narrateurs et com-
mentateurs du sinistre n'ont point prêté à la plus
grave de ses révélations l'attention qu'elle solli-
citait si vivement.

« *La Vérité sur la Catastrophe de la Sorbonne* (1) »
qui raconte le fait dans ses détails les plus mi-
nutieux, — et fait suivre le récit de la « *ques-*

(1) Dentu, éditeur, et Librairie du *Petit Journal* (1 vol.
in-8° illustré, prix : 1 fr. 50).

tion légale » — n'épuise pas entièrement la matière :

Reste la « *question politique*, » que j'intitule ici :

« Les picrates et la Prusse. »

Rien n'eût pu montrer d'une force plus saisissante et à un point de vue plus important

« *L'état actuel de l'Europe.* »

Et c'est là la grande et intéressante question de notre époque.

Ces effroyables inventions, ce prodigieux armement ne sont provoqués que par « le travail de formation définitive des peuples » qui s'opère en ce moment.

Cette *question des nationalités* n'est elle-même que la continuation, la conséquence nécessaire dans le droit constitutionnel et international des *nouvelles idées démocratiques* qui ont transformé déjà nos lois civiles et nos lois politiques.

La formation de l'Italie, — l'unification de l'Allemagne sont encore des mouvements produits par cette rude poussée : 1789 ! — Poussée en avant, disent les uns, — vers l'abîme, disent les autres, — mais dont la force d'impulsion, dans tous les cas, n'est certainement pas épuisée, et ne saurait être amortie.

Ma prétention n'est point de « trancher » cette

question énorme, je ne suis qu'un simple mortel. — Mais je crois qu'il peut être utile à sa solution que chacun dise comment il la voit quand son point de vue est vrai, — quand il en parle avec sincérité, sans passions, sans parti-pris intéressé.

Les grands esprits, les princes et les diplomates peuvent sans doute de leurs sommets, embrasser la foule d'un coup d'œil et mieux voir l'ensemble... mais les détails leur échappent, — et les détails examinés de près par ceux qui sont avec eux en contact, dans la foule, — peuvent parfois jeter un jour plus vif sur les choses, et souvent même révéler un ordre logique tout entier avec plus de précision. C'est de très-loin, — de très bas, — sur un simple débris soigneusement analysé que Cuvier reconstituait exactement un monde.

Paris, juin 1869.

JEAN DU CHALET.

PICRATES ET LA PRUSSE

I.

L'Europe est-elle dans un état normal ?

Après les grands mouvements qui viennent de transformer plusieurs de ses contrées, n'y a-t-il plus rien à faire ? Peut-on s'en tenir simplement à accepter ces nouveaux faits dans le vieil ordre des choses ?

Qui pourrait le penser ?

Le perfectionnement mécanique des armes ne suffit plus à épuiser cette activité fébrile qui se manifeste partout, dans la recherche des meilleurs moyens d'attaque ou de défense. Il a fallu trouver une force balistique dont la puissance répondît à l'effrayante idée des besoins d'une conflagration probable, idée qui, au milieu des assurances générales de paix, semble percer dans toutes les préoccupations. — Elle n'est formulée nulle part ; on se garde bien de l'exprimer. — Raison de plus pour y croire. Les formules peuvent mentir ; les faits ne sauraient tromper. — Elle résulte de l'état d'armement des nations de l'Europe ; elle apparaît dans les relations privées : elle frappe en ce moment de paralysie l'industrie et le commerce. — Elle épuise les gouvernements; elle ruine les particuliers. —

Les actes officiels, les discours des trônes ne suffisent point à faire l'opinion, — et sont tout à fait impuissants du moins à ôter des esprits ces idées instinctives, — vagues, mais tenaces, — qui s'emparent parfois de tout un peuple, s'imposant aux grands et aux petits, à ceux que leurs intérêts portent à les nier, comme à ceux qui les proclament, et semblent être une inspiration, un avertissement d'en haut !

II.

Les armées avaient déjà la poudre, — des armes cent fois plus puissantes que celles qui, entre les mains des conquérants du Nouveau-Monde, avaient paru aux naïves populations indigènes être la foudre elle-même...

C'était bien quelque chose que la poudre ! Sa découverte, jusqu'ici, avait été prise pour terme de comparaison, exprimant la dernière limite de la puissance inventive de l'esprit.

La poudre ne peut plus satisfaire aux nouvelles exigences prévues :

Voici *les picrates !*

III.

Qu'indique enfin cette situation ? — Toucherions-nous à un de ces moments de crise qui sont à l'histoire de l'humanité, ce que les grands bouleversements géologiques sont à la formation du globe ! — qui semblent faire des peuples de simples *faits* fatalement soumis à des *lois* providentielles dont la portée et le but nous échappent, dont l'ampleur anéantit l'esprit qui les contemple ?

C'est là ce que les Prussiens veulent croire.

IV.

Ce grand mouvement qui a poussé les peuples jusqu'ici de l'Orient à l'Occident, serait près, suivant eux, de se reproduire. —

Il faut savoir ce qui se dit en Prusse, dans tous les rangs de la Société, de l'échope de l'artisan aux hauts salons aristocratiques. — L'insolence germanique ne connaît point de bornes :

« La race teutonique est appelée à remplacer la race latine...

« Nous touchons au moment!..

« La France a fait son temps.

« Ah ! quel heureux jour que celui où l'Allemagne « se lèvera en masse pour aller châtier cette France...

« Bismark seul est grand... etc... etc... »

V.

Répondons d'abord à ces étonnantes clameurs prussiennes.

Sans doute Bismark est grand ! mais d'une grandeur qui ne paraîtra enviable à aucun homme d'Etat ayant conservé quelque honnêteté politique.

Il veut *châtier* la France... Ses crimes sont nombreux en effet :

La France a constamment marché à la tête des nations et donné l'impulsion de la civilisation européenne.

Nul autre peuple n'a aussi efficacement travaillé qu'elle à la constitution de l'Europe moderne.

La France a arrêté les Musulmans et sauvé ainsi peut-être nos pays chrétiens de l'invasion de l'Islamisme...

La France, sous Charlemagne, a propagé dans le centre de l'Europe cette civilisation gauloise augmentée du Christianisme, à laquelle les Francks, la branche aînée de la grande famille germanique, avaient été initiés les premiers ; — et donné ainsi réellement naissance à l'Allemagne...

Elle a provoqué ce grand mouvement des Croisades, le plus grand fait du moyen âge, et qui, échoué dans son but, n'en a pas moins eu d'immenses résultats...

La France s'est opposée à la réalisation de ces idées de domination universelle, reprises des peuples anciens, en contrebalançant pendant des siècles l'influence de la maison d'Autriche...

Jusque dans ses guerres meurtrières du Premier Empire auxquelles l'entraînait l'irrésistible génie de Napoléon, — la France a travaillé au développement de ce principe des nationalités à la faveur duquel les

Allemands se constituent aujourd'hui…. sans parler des services plus récents encore qu'elle a pu rendre à l'Allemagne.

Voilà ce que l'ambition effrénée de ce peuple qui se croit appelé à occuper *le premier rang* ne nous pardonne pas !

VI.

A Dieu ne plaise que nous nous laissions impressionner par ces menaces d'invasions formidables.

Autrefois des centres de civilisation seulement s'étaient produits au milieu de l'inconnu géographique, — comme des phares perdus sur les bords d'un océan barbare dont les flots battaient leurs bases, les couvraient parfois de leur écume furieuse, et avaient fini par les submerger.

Ces peuples rares, les Grecs, les Romains, étaient entourés de hordes sauvages, nomades, qui plantaient leurs tentes dans un lieu quelconque, s'y accroissaient pendant une génération, — puis, chassés par d'autres hordes, — le flot poussant le flot, — avançaient de ce grand mouvement d'expansion qui s'opérait du centre aux extrémités et devait peupler le Globe. — C'était là une sorte de matière vivante, aux puissants instincts, mais comme inconsciente, s'abandonnant, dans des croyances fatalistes, aux impulsions providentielles. —

Ainsi se ruaient sur le Grand Empire ces chefs

barbares, redoutables forces brutales, aveugles, s'appelant eux-mêmes « des fléaux de Dieu ! »

M. de Bismark, qui aurait peut-être d'eux le mépris du droit, et l'orgueil de la force, — croirait-il pouvoir reprendre aujourd'hui le rôle d'Odoacre, de Genséric, ou d'Attila ?

VII.

Les temps sont bien changés. La science géographique a dégagé cet inconnu menaçant de l'ancien Monde. L'humanité a exploré toutes les parties de sa demeure terrestre et en a pris possession d'une façon régulière. Les nations ne sont plus des phénomènes isolés : elle couvrent à peu près la surface du Globe.

Sans doute, en Europe même, la barbarie a encore sa large part de puissance. La civilisation a pourtant pris le dessus sur elle, on peut l'espérer. — Si le droit international est encore bien vague... du moins son idée s'est fait jour, il existe en principe, il s'élabore, — et l'on peut prévoir le moment, dans un avenir plus ou moins éloigné, où il fixera d'une façon précise les droits respectifs des peuples, et permettra de régler leurs différends autrement que par des égorgements humains.

Si peu avancés que nous soyons sur ce point, un grand progrès s'est opéré depuis que le droit absolu de la force brutale réglait les relations de peuple à peuple, et ce n'est qu'un long travail de plusieurs siècles qui a pu nous amener où nous en sommes. — Le christianisme, avec son grand principe de charité, de confraternité universelle, a été sans doute le principal agent de ce progrès.

VIII

A la chute du monde païen on a vu se produire simultanément sur tous les points de l'Europe des foyers de civilisation plus ou moins actifs, — foyers très-rétrécis d'abord, limités par les fossés d'un château féodal, circonscrits dans le domaine de chaque homme portant bien l'épée ou la hache, capable de se faire sa place, et autour duquel les faibles se groupaient... *L'Etat* se réduisait alors pour ainsi dire à la *propriété privée.*

IX

La Société était revenue à son état le plus rudimentaire : il n'y avait guère que des individualités... Le monde social « se recommençait » sur des bases entièrement nouvelles, — par la propriété ; — pour la première fois les hommes prenaient partout possession du sol : — chaque propriétaire était *chef-d'état, maître absolu des hommes et des choses qui se trouvaient sur son alleu,* — idée qui a persisté longtemps, et qui, alors que les droits de chef-d'état s'étaient modifiés, s'affaiblissant en s'étendant sur plusieurs domaines, sur une province, sur un royaume, — se retrouve encore jusque dans le pouvoir royal, et se fait remarquer par cette humeur conquérante des rois, — ambition naturelle d'un maître qui désire étendre son domaine, agrandir sa maison, en augmenter l'importance... — Ces rois ont rempli à leur époque une grande mission; — leur politique a été féconde en heureux résultats pour la formation des peuples.

X

Mais les royaumes d'Europe ne sont plus aujourd'hui ces domaines de certaines grandes maisons que les filles pouvaient apporter en dot à leurs royaux époux. — Qui penserait qu'un mariage pût maintenant donner l'Ecosse à la France, ou la Hollande à l'Espagne? — Les nations à peu près constituées sont entrées en possession d'elles-mêmes. Leur souveraineté suprême et les droits imprescriptibles de leurs membres sont reconnus par les princes pour lesquels les cris : « Vive la Nation! Vive la Liberté! » ne peuvent plus être des cris séditieux. — Partout les souverains qui comprennent leur époque entendent bien qu'ils ne sont que les dépositaires des grands intérêts de leur pays, — des dignitaires entourés de la majesté que comporte la représentation, et comme la personnification d'un peuple, — mais grands et puissants seulement par l'importance de cette suprême magistrature dont ils sont revêtus, que la nation a confiée à leur personne ou à leur dynastie, — et qui, en retour de ses honneurs et de ses avantages, exige d'eux d'impérieux devoirs... — devoirs de travailler par la haute impulsion que leur permettent les pouvoirs qui se résument en leur personne, à la plus grande prospérité de leur peuple.

XI

Or à cette prospérité est bien étranger tout esprit de conquête.

La formation régulière, rationnelle de son territoire, doit être sans doute une des premières préoccupations d'une Nation. Mais qu'on ne feigne pas de confondre cette tendance légitime avec une ambition dangereuse et déréglée.

Atteindre à ses limites naturelles pour ne point être séparé par des lignes purement conventionnelles et fantaisistes, de voisins qui ne sont que le même peuple, — surtout pour ne point laisser sa porte ouverte à tous venants, pour être *chez soi* en un mot, ce qui est le premier bien dont on puisse jouir, — c'est là une aspiration aussi naturelle qu'il serait déraisonnable de convoiter au-delà des monts un pays dont les hommes parlent une autre langue, ont d'autres mœurs, d'autres usages que comporte la différence de climat ou de lieu, et qui doivent vivre sous d'autres lois, — auxquels convient une constitution différente (1).

(1) Les colonies sont possédées dans des condition, soit parce qu'elles ne sont peuplées, comme le nom l'indique, que d'en

· XII

En politique comme dans les autres sciences, il ne s'agit pas sans doute d'imaginer des systèmes ingénieux, mais bien d'étudier la nature des choses et de s'y conformer ; — de ne point distinguer et vouloir séparer ce qui est identique, pas plus qu'assimiler des éléments hétérogènes et sans affinités.

Nons avons beau nous débattre, nous sommes entre les mains de la Providence, — et ne pouvons avoir d'autre volonté que la sienne, — agir utilement qu'en nous conformant à ses lois ; — en allant contre elle nous perdons simplement notre peine, et pouvons tout au plus retarder l'accomplissement de ses desseins.

XIII

Ne voyons-nous pas comment l'Europe inondée de peuples qui, dans des invasions successives, avaient formé, sur tous les points, le plus grand mélange de races, la plus étonnante multiplicité d'états, — arrive insensiblement à une division *purement géographique*?

fants sortis de la mère-patrie, que des souvenirs récents, des affections encore vivantes rattachent à elle, — soit parce qu'elles n'ont pour habitants que des peuples en enfance, incapables d'avoir encore une constitution à eux, — et que l'on doit s'attendre à voir s'affranchir un jour, à leur majorité comme a fait l'Amérique, — à moins qu'on ne croie à *l'infériorité de certaines races* condamnées à une *tutelle* perpétuelle.

XIV

Nous l'avons dit, après les invasions des barbares, chaque conquête devenue une propriété privée formait comme un état. Bientôt dans les mêmes pays, par conquête ou par alliances les domaines féodaux se groupaient peu à peu, — les provinces se formaient, — puis, selon que la configuration physique des lieux les rapprochait encore, les provinces dont les populations se mêlaient par des relations fréquentes finissaient par s'assimiler, se disposant ainsi à former ces grandes familles qui deviennent les nations modernes.

Ce morcellement établi par des distinctions d'origine, par des exigences de sécurité, — toutes ces barrières de convention, si multipliées, tombaient une à une, à mesure que s'évanouissaient les causes qui les avaient créées; — et l'on devait parvenir ainsi aux seules délimitations naturelles.

Est-ce seulement aux volontés des hommes politiques, — aux savantes combinaisons des ministres habiles, aux ambitions des princes puissants, qu'on voudrait attribuer la formation des états actuels de l'Europe? — Mais Guillaume n'avait-il point fait la conquête de l'Angleterre? — L'Angleterre à son tour ne s'était-elle pas étendue un moment sur certaines de nos provinces? — L'Ecosse n'était-elle pas séparée de l'Angleterre et n'a-t-on pas tenté de la réunir à d'autres royaumes? — Les

Pays-Bas n'ont-ils pas appartenu à l'Espagne? L'Italie n'a-t-elle point été convoitée et disputée par bien des puissances? — Qu'est devenu cet empire sur lequel « le soleil ne se couchait pas? » — Qu'ont fondé de durable les plus habiles combinaisons politiques, dans ce qui était opposé à l'ordre naturel des choses? — Dans cet ordre, au contraire, quelles entreprises d'apparence insensées n'a-t-on pas vu aboutir à des résultats décisifs? — Ce petit Etat, la Suisse, luttant contre le puissant Empire, et parvenant à se séparer de lui à jamais!...

Par le fait, ou contre la volonté des princes, — *dans la même contrée*, les hommes ayant un domaine commun, — vivant sous les mêmes influences qui devaient les amener à s'identifier dans des usages, des besoins, des intérêts communs, — des mœurs, des aspirations communes, — ne devaient former qu'un seul peuple.

Voilà comment on en est arrivé au *principe des nationalités*.

XV.

Les grandes agglomérations vaient-elles mieux, pour le progrès de l'humanité, que les petits États? — Ce n'est pas ce que je prétends examiner.

Je ne parle ici d'ailleurs que des agglomérations rationelles. — Je me borne à constater dans l'histoire le mouvement qui s'est produit; j'en étudie les causes et les circonstances.

Je n'ai pas à rechercher davantage jusqu'où ce

mouvement peut s'étendre, s'il doit aller jusqu'à ne faire de l'humanité entière qu'une seule nation?... — Les lumières de la civilisation finissant par pénétrer tous les esprits, — les hommes pourront sans doute arriver à une morale commune — qui donnera facilement naissance alors au vrai droit international; — ils pourront arriver à des notions égales d'équité, de justice, à une même idée de Dieu, qui formera entre eux un lien, — qui les *reliera* tous, — qui sera la vraie *religion*. — C'est là l'idée d'*unité chrétienne*. — Mais tandis que le progrès nous pousse vers la réalisation de cette pensée divine, — il semble nous éloigner au contraire de cette *unité païenne* dont le rêve fut inspiré par d'insatiables désirs de puissance, par des passions purement humaines : — l'égoïsme, l'orgueil ayant pour moyen : la force; — et qui tendait à rassembler tous les hommes en un seul et vaste empire soumis à une colossale tyrannie. — Diverses influences diviseront toujours les hommes en différentes races devant vivre dans des conditions matérielles différentes...

Ce que j'ai à noter ici, c'est que « *les différences d'origine, s'affaiblissant tous les jours par la fusion des races dans les mêmes pays, tendent à faire place aux divisions purement géographiques des peuples.* »

XVI

Vouloir baser sur ces différences originelles le principe des nationalités est une énormité que pouvait tenter seul M. de Bismark, — l'invoquant d'ailleurs, selon son intérêt, et, en reconnaissant lui-même l'absurdité, en niant l'application quand elle lui devenait contraire (1)...

(1) « Lauzun politique, » le comte de Bismark se joue élégamment, dans son administration intérieure, comme dans ses relations étrangères, dominant les hommes d'Etat et la diplomatie du jour, de la hauteur de toutes les vieilles roueries d'un autre âge dont il s'est nourri et a fait sa tactique, — comptant bien peu avec les peuples ! — *ne se brûlant* jamais deux fois *les doigts* — selon sa plaisante expression, à la lumière des gouvernements qui ont une politique de grand jour ; — faisant, à l'intérieur, — du roi, un colosse (pour occuper lui-même une plus large place), — de la nation un instrument auquel il daigne prendre garde quand il a besoin de s'en servir... — Affichant le dédain qu'il professe pour cette nation qui ose vouloir pénétrer de ses regards profanes les mystères de son cabinet, et répondant avec un enjouement agréable aux députés qui ne craignent point de lui exprimer ce désir : « Qu'il est prêt, si on l'y oblige, à faire de ses documents un double à la portée des simples mortels, à préparer de feintes révélations. » (Il faut lire le discours qu'il a récemment prononcé, au Reichstag, au sujet des *Livres Bleus*. — Séance du 22 avril.)

Mais, dira-t-on, son œuvre est patriotique ; n'est-il pas un Richelieu pour l'Allemagne ?

Comme homme, j'aime à croire qu'il vaut mieux encore que l'illustre cardinal. — Mais Richelieu comme ministre fut vraiment un grand homme. Pourtant, il ne serait pas possible aujourd'hui ; — ou plutôt, avec son génie, il modifierait son but sans doute, et changerait ses moyens. — Au milieu d'une lutte où l'on ne voyait guère s'agiter en Europe que de puissantes passions individuelles, — Richelieu fut grand en prenant pour objectif l'intérêt de la Maison de France (auquel il attacha sa propre grandeur) et en le faisant triompher par la force et sur-

Si l'on recherchait les origines, en Espagne comme dans cette partie du midi de la France formant autrefois la Septimanie, on trouverait du sang romain, wisigoth , vandale , arabe... L'Espagne invoquerait-elle cette communauté d'origine pour prétendre que l'ancienne Septimanie n'est point française, mais Espagnole?

L'Angleterre songerait-elle à s'étendre sur notre Bretagne?

Le Danemark ou la Hollande sur notre Normandie?

Pourquoi la Grèce dans ce cas n'élèverait-elle pas des prétentions sur Marseille et les côtes de la Provence?.....

Quelle que soit leur origine, tous les Français sont bien Français, — ne formant plus aujourd'hui qu'une seule et même race dans laquelle toutes ces races originaires ont disparu, — tandis qu'en d'autres pays, sous des influences différentes, ces mêmes

tout par la ruse, à l'intérieur, comme à l'extérieur dans tous ces cabinets de savantes trames à huis-clos, dont il était l'âme, — et où les intrigues de cour occupaient une si large place. — C'était le but le plus élevé qu'il pût se proposer alors, les moyens les plus efficaces qu'il pût employer à le poursuivre. — En l'imitant aujourd'hui, on exhumerait un système arriéré de deux siècles. — La puissance *d'une Maison* n'est plus un but digne d'un peuple. La question de *prédominance* a été emportée par le principe de souveraineté nationale et d'indépendance respective des nations, qui en est la conséquence...— Quant aux moyens, la politique ténébreuse peut-elle être encore la politique du jour ?

races s'assimilant aussi ont formé des peuples diffé-
rents.

La configuration physique du globe, — quand il
sera habité sur tous ses points, et que les hommes
n'auront plus à se déplacer en grandes masses pour
aller peupler ses extrémités, — démarquera seule les
races diverses. — Il y aura en Europe des Anglais
et des Espagnols, des Italiens et des Scandinaves, —
selon les divisions naturelles de l'Europe...

LES LIMITES NATURELLES, c'est là le vrai, le dernier
principe des nationalités.

XVII.

Lorsque chaque peuple les aura atteintes et occu-
pera *sa contrée*, — alors sans doute des traités con-
sacrant ces frontières définitives pourront être respectés, parce que leurs conventions, leurs stipula-
tions n'auront point été arbitrairement dictées par
un esprit d'hostilité ou de parti pris, mais par la nature même des choses.

XVIII.

Comment on y arrivera, je n'ai pas la prétention
de le dire. — Des souvenirs, des haines ou des sym-
pathies peuvent être encore des obstacles. Mais quand
un grand mouvement s'est ainsi accentué dans l'ordre
providentiel des événements, rien ne saurait l'arrêter. — Qui voudrait s'opposer au passage d'un oura-
gan, ou à une éruption volcanique? — Les idées

nées de systèmes écroulés peuvent encore se produire elles-mêmes pour lui être appliquées et lui venir en aide. — Nous avons bien vu de nos jours l'étonnant spectacle d'une province (1) offerte *gracieusement* par un souverain à un souverain, — mais uniquement acceptée par celui-ci pour la rendre à son vrai droit, à elle-même; — ce qui valide cet acte étrange d'un homme disposant d'un million d'hommes comme d'un beau troupeau. — Recourir aux vieilles idées pour les appliquer ainsi est parfois une concession à faire aux hommes *du passé*, — un moyen innocent de flatter leur manie, ou une manière habile de leur présenter une capitulation honorable, en leur offrant sauf leur amour-propre. — Qui sait si des mariages princiers, certainement inpuissants aujourd'hui à disjoindre ce qui est bien joint, ne serviront pas encore de prétexte dans l'avenir à des fusions qui doivent avoir lieu?...

Il y a enfin, sans doute, bien des ménagements à garder, bien des susceptibilités à ménager, — et pour n'être point trop absolu, — des intérêts légitimes aussi à respecter. — Mais on peut considérer généralement tout fait qui tendra à ce but comme un fait efficace et un progrès acquis; — tout esprit qui s'y opposera comme un esprit rétrograde et impuissant.

XIX.

Que les Allemands si enthousiastes de progrès modifient donc leurs idées sur ce qui nous concerne; —

(1) La Vénétie.

et pendant qu'au nom du principe des nationalités, ils constituent une grande Allemagne, qu'ils ne prétendent point s'arroger, avec cette insupportable insolence, le droit d'observer chez nous nos moindres mouvements, de régler nos tendances, de comprimer nos aspirations.

Eh quoi! c'est pendant qu'ils bouleversent entièrement leur pays que nous accepterions d'eux l'ordre de demeurer à jamais immobiles! Nous les laisserions se constituer de la façon la plus forte, animés de cet esprit d'ingérence dans nos affaires, d'une jalousie et d'une hostilité insoutenables, — devenir ainsi assez puissants pour nous empêcher de nous constituer de notre côté!

Avons-nous fait opposition à la formation de l'Allemagne? — Nous ne sommes point jaloux de la grandeur des Allemands. — La jalousie est un sentiment mesquin, indigne d'une nation généreuse. — Ce n'est point dans l'abaissement de son voisin qu'on doit chercher son élévation. — Tout progrès d'un peuple est une augmentation de cette grande somme de civilisation, de ce bien-être général auquel chaque peuple participe. Tous doivent désirer voir s'agrandir ce bien commun. L'humanité n'est qu'une grande famille — divisée seulement pour que chacune de ses branches, selon ses aptitudes spéciales, puisse, avec la forme sociale qui lui convient le mieux, — avancer plus rapidement dans la voie du progrès. — Voilà donc une grande et belle tâche, digne d'occuper les peuples, et à laquelle, chacun chez soi, peut s'ap-

pliquer indéfiniment... Mais avant tout que ce *chez
soi* soit rationnellement et définitivement délimité.

XX

« NOS FRONTIÈRES NATURELLES ! » cette aspiration
est dans le fond de tous les cœurs français, de tous
ceux qui aiment simplement leur pays et sentent d'in-
stinct ce qui peut l'élever ou l'abaisser, — fiers de
sa gloire, — souffrant cruellement de son humiliation... — Ils ne comprennent pas, ceux-là, ces savantes théories politiques qui consistent à dire : « Le vieux
« système d'équilibre était le bon : on y a dérogé,
« c'est un mal; n'augmentez pas le mal en y déro-
« geant aussi. »

Quoi ! — sans examiner si ce *statu quo* que vous
auriez voulu maintenir à jamais était dans l'ordre
des choses possibles, — un mouvement a lieu dans
lequel nos voisins se reconstituent sur des bases nouvelles, et vous voulez que nous arrêtions ce mouvement quand leur œuvre est achevée, — et que nous
nous imposions la loi de ne nous procurer jamais les
mêmes avantages !

On comprendrait ce langage dans la bouche de nos
ennemis :

« Remanions, disent-ils, des frontières tracées par
« des traités absurdes. » Et quand ils ont pleinement
atteint ce but, et que nous n'avons point encore tou-
ché à nos frontières imposées par ces mêmes traités

et dictées par un esprit spécialement partial et hostile à notre endroit : « Que chacun s'en tienne maintenant, ajoutent-ils, aux faits accomplis, — et que les « traités soient respectés dorénavant... »

Faut-il s'étonner que, dans cette situation, on croie à la guerre ?

Comment pourrait-on en sortir en effet ?

Un Congrès européen est une idée grandiose qui honorera à jamais dans l'histoire le Souverain qui en a tenté la réalisation.

Mais on a vu quel accueil a reçu ce projet. — Une entente universelle des peuples pourrait compromettre gravement en effet les intérêts des rois qui sont, entre certains de ces peuples, la seule séparation (1).

On ne voit donc pas hélas ! d'autre moyen que la guerre pour sortir d'une situation impossible.

XXI.

La guerre, — on la considère comme tellement inévitable que partout on désire la voir éclater au plus tôt pour mettre fin à cette incertitude, à ces craintes, à ces inquiétudes générales et intolérables. — On la désire... et pourtant on prévoit combien elle sera terrible. — Mais il s'agit d'une question vitale pour la France. — La France maintenue dans les limites que

(1) « Je veux l'application du nouveau droit fondé par la Révolution, à savoir : que les peuples s'appartiennent, non-seulement pour choisir la forme de leur gouvernement, mais pour s'allier entr'eux, se rapprocher, s'unifier quand, unis de cœur, d'intérêt, de langage, ils ne sont plus séparés que par des rois. » (Comte d'Alton-Shée, — profession de foi aux électeurs de la deuxième circonscription de Paris, dernières élections.)

lui ont imposées les traités de 1815, quand ces traités sont partout abolis, — serait abaissée. — La France abaissée ne serait plus la France ! — La main énergique qui la mène ne la laissera pas courbée sous une humiliation.

«L'Empereur n'est point homme à se laisser jouer,» se dit-on de toutes parts.

Il y va de sa gloire !

Et l'on attend, — non sans impatience.

XXII.

En attendant, partout les armements se renouvellent, — et pendant que les progrès de notre époque faisant abhorrer les maux de la guerre, provoquent la formation de sociétés philanthropiques internationales pour secourir les blessés des champs de bataille, — les plus effroyables moyens de destruction sont inventés, — les engins les plus meurtriers se préparent.

XXIII.

La Prusse assume sur elle la plus large part de responsabilité de ces nécessités cruelles qui poussent les hommes à méditer des massacres, — tout en considérant comme un crime l'effusion du sang humain.

La Prusse a donné l'élan de ces armements et de ces inventions funestes.

Le *fusil à aiguille* a paru d'abord.

Depuis quelque temps déjà *les picrates* s'étaient

produits en Allemagne, — au point que leur transport avait été interdit sur les chemins de fer allemands. —

Le *Moniteur scientifique* du 1er avril fait, à ce sujet, une remarque fort juste.

« Les picrates n'étant que peu ou pas employés en teinture, si la Prusse s'est inquiétée du transport de ces sels, ne pourrait-on pas en conclure qu'elle les apprécie, les utilise, les fabrique peut-être dans ses poudreries, profitant ainsi de données fournies par des demandes de brevets qu'elle a préféré ne pas accorder. »

XXIV.

Voilà donc l'attitude de la Prusse au milieu de l'Europe du xixᵉ siècle. — Elle ne se modifie que pour devenir tous les jours plus menaçante... Toutes les puissantes ressources de la science la plus avancée mises au service d'idées, d'aspirations entièrement renouvelées des siècles barbares !

La Prusse est livrée à un homme pour lequel sans doute elle n'a point d'estime, mais dont elle sait que rien ne peut arrêter l'esprit d'entreprise.

L'Allemagne tout entière se laisse enivrer par l'audace entreprenante de la Prusse qu'elle déteste, mais qui lui promet tout, flatte son orgueil, et l'entraîne...

« Les temps sont proches ! disent les Prussiens. »

On les croirait enfin, et on ne se laisserait pas devancer par eux, si l'on écoutait certaines impatiences...

Le sang français n'est pas encore tari dans les veines de nos soldats !

Dans l'armée comme dans le peuple, il est facile de dégager un sentiment commun. — Depuis ces beaux régiments de la garde casernés dans les environs de Paris, qui se plaignent amèrement de n'avoir eu, depuis longtemps, à dépenser qu'en parades, une ardeur qui pourrait être mieux employée, — jusqu'à ces vieux braves revenus du Mexique, — rompus à toutes les fatigues et à tous les dangers, — que l'ennemi avait appris à redouter jusqu'à n'oser plus poser son camp à vingt lieues à la ronde de leur bivouac, — et dont je viens de voir d'admirables types s'ennuyant de leur repos dans les villes d'Afrique, — tous serrent leur épée d'une main frémissante, le regard sur lo même point...

« C'est qu'il n'y a pas à s'y tromper, » disent-ils.

« La France court un danger, — ne fût-ce qu'un « danger d'humiliation.

« La France a en ce moment un ennemi ! »

www.ingramcontent.com/pod-product-compliance
Lightning Source LLC
Chambersburg PA
CBHW061719060726
47597CB00006B/2467